Índice

Rourke Educational Media

A Division of Carson Dellosa Education

rourkeeducationalmedia.com

¿Puedes encontrar estas palabras?

abalanzarse

antílope

motas

presa

¿Qué hacen los leopardos?

Los leopardos son grandes felinos. Viven en África.

Los leopardos tienen **motas**.

Son unos de los animales terrestres más rápidos.

¡Los leopardos saltan!

Se **abalanzan** más de lo que mide un auto.

Los leopardos cazan.

Comen **antílopes**, ciervos y peces.

¡Los leopardos trepan!

Llevan su **presa** a los árboles.

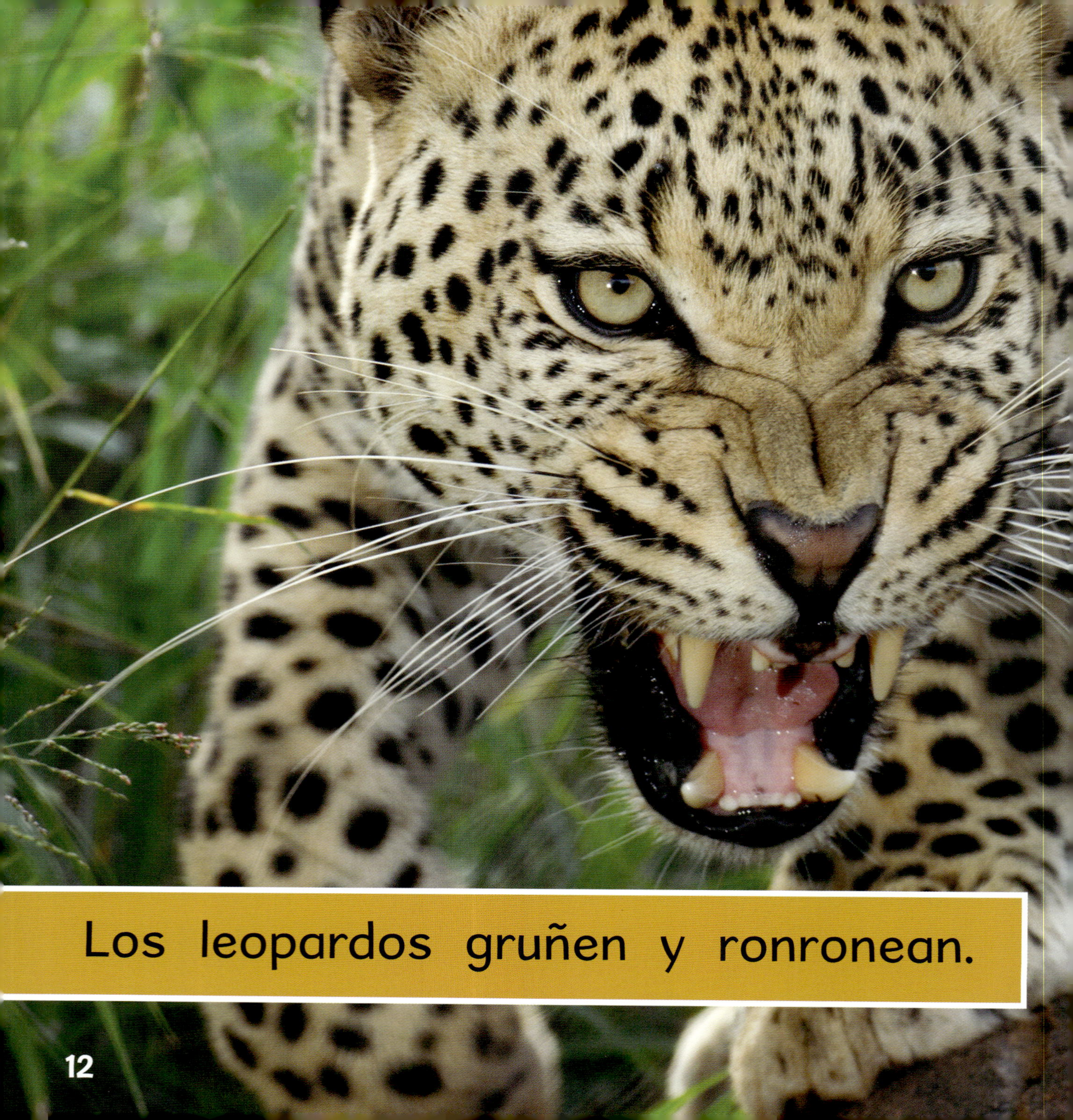

Los leopardos gruñen y ronronean.

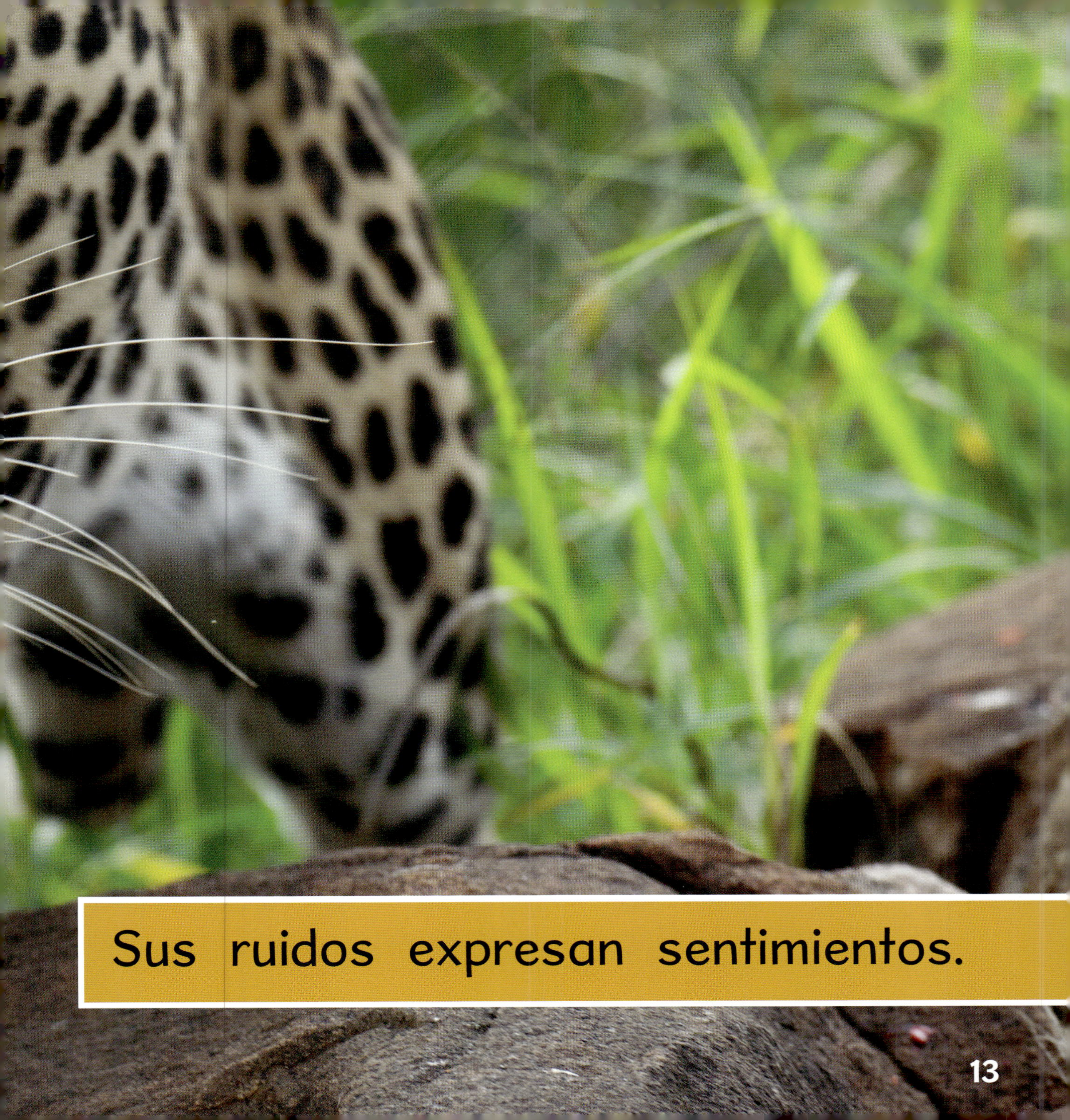

Sus ruidos expresan sentimientos.

¿Encontraste estas palabras?

Se **abalanzan** más de lo que mide un auto.

Comen **antílopes**, ciervos y peces.

Los leopardos tienen **motas**.

Llevan sus **presas** a los árboles.

Glosario fotográfico

abalanzarse: lanzarse en dirección a algo o alguien.

antílope: un mamífero rápido, delgado, con pezuñas y cuernos.

motas: puntos de color.

presa: un animal que es cazado por otro como alimento.

Índice analítico

Sobre la autora

Lisa Jackson es una escritora de Ohio. Le gustaría visitar África algún día, especialmente para ver sus increíbles animales. Por ahora, le gusta alimentar a las jirafas en el zoológico de Columbus.

www.rourkeeducationalmedia.com

PHOTO CREDITS: cover: ©UrmasPhotoCom; pages 2, 10, 14, 15: ©GlobalP; pages 2, 3, 14, 15: ©JohanSjolander; pages 2, 6, 14, 15: ©GlobalP; pages 2, 9, 14, 15: ©AOosthuizen; page 4: ©WLDavies; page 8: ©skynesher; page 12: ©StuPorts

Edición: Keli Sipperley
Diseño de la tapa e interior: Rhea Magaro-Wallace
Traducción: Santiago Ochoa
Edición en español: Base Tres

Library of Congress PCN Data
Leopardo / Lisa Jackson y Santiago Ochoa
Animales africanos
ISBN 978-1-73162-932-6 (hard cover - spanish)(alk. paper)
ISBN 978-1-73162-924-1 (soft cover - spanish)
ISBN 978-1-73162-938-8 (e-Book - spanish)
ISBN 978-1-73163-361-3 (ePub - spanish)
ISBN 978-1-73160-561-0 (hard cover - english)(alk. paper)
ISBN 978-1-73160-447-7 (soft cover - english)
ISBN 978-1-73160-610-5 (e-Book - english)
ISBN 978-1-73160-684-6 (ePub - english)
Library of Congress Control Number: 2019945497

Printed in the United States of America,
North Mankato, Minnesota